Trois Lettres D'amour

Poèmes De

Hassan Teleb

Traduction

Imane Zerguit

Trois Lettres D'amour

Trois Lettres D'amour
Poèmes De Hassan Teleb
Traduction : Imane Zerguit
Révision : Dr. Amal Fekry
Photo De Couverture: Ikram Zefrati

© 2015 - Imane Zerguit
Edition: BoD - Books on Demand
12/14 rond-point des Champs Elysées, 75008 Paris
Imprimé par Books on Demand GmbH, Norderstedt, Allemag
ISBN : 9782322042470
Dépôt légal: octobre 2015

Introduction

Avant de commencer à écrire, j'ai dû répondre à cette question : " Pourquoi j'ai choisi ces poèmes précisément pour les traduire ? "

Ces poèmes qui sont entre les mains des lecteurs ont été écrits entre les deux années 1972 et 1973, ils expliquent la nature de ces années avec précision.

Je n'exagère pas, si je vous dis qu'ils marquent une étape très importante dans l'histoire de l'Égypte contemporaine. L'écriture en général et la poésie en particulier sont le meilleur témoin de nos jours, et le poème reste l'endroit où on peut s'enfuir vers lui quand le monde devient plus étroit.

Trois Lettres D'amour

Ces feuilles portent trois lettres d'amour, que le poète a écrit à son pays et à sa bien-aimée, il donne à ses lettres les titres suivants : "Reviens", "Longue attente", "Une feuille du journal intime" suivis par un quatrième poème qui a pour titre "Je n'ai pas reçu de lettre de ta part" pour accomplir les autres lettres.

On trouve que les lettres de Hassan Teleb, ont suivi un ordre logique, car au début il demande que son pays revient à lui ainsi qu'à tous les Égyptiens, et là il désigne "Sinaï" qui a été occupé en ce moment au niveau personnel, Teleb demande à sa bien-aimée " Touha" d'y retourner, ensuite la situation d'attente continue dans le poème suivant "Longue attente", puis ses lettres deviennent une nostalgie et il attend encore une lettre de la part de son pays et une autre lettre de la part de sa bien-aimée.

Trois Lettres D'amour

On trouve que le poème "Je n'ai pas reçu de lettre de ta part" est la prophétie d'une victoire qui a été réalisé en Octobre 1973, et par suite son pays lui a envoyé la lettre qu'il attendait auparavant.

Hassan Teleb est un poète inspiré, possède l'originalité et cela apparaît évidemment dans ses poèmes, il tient à exprimer les douleurs des êtres humains, et il a une vision claire aux enjeux relatifs à la diversité humaine.

Ainsi, il a réussi à former cette vision grâce à ses expériences humanitaires, à travers lesquelles il a bien compris les enjeux et les problèmes des êtres humains.

En outre ses poèmes se caractérisent par une image poétique plus élégante, et par un mélange entre l'esprit lié aux racines conservatrices et l'esprit ouvert sur le monde, pour être en mesure d'absorber tout ce qui se passe à l'intérieur de son âme.

Et lorsqu'on lit certains de ses poèmes on remarque un esprit mystique frais et doux.

Imane Zerguit

Trois Lettres D'amour

Reviens

Reviens
Depuis que tes mains
Ont laissé les miennes
Mes joues ne sèchent plus
Tous les yeux t'appellent

Trois Lettres D'amour

Mais tu ne réponds pas
Et je fixe le regard
Dans l'obscurité parmi la foule
Chaque visage était le tien
Chaque battement dans ma veine

VIII

Trois Lettres D'amour

T'appelle : Reviens !
Mais un voile nous sépare
Et le voyant prédirait
Que tu ne reviendras plus
Mes yeux sont

Trois Lettres D'amour

Deux clous qui se fixent
Dans le bruit de la foule
Ils font des allers retours
Entre l'existence…
Et l'absence ma chérie

Trois Lettres D'amour

Peut-être je te vois ici...et là-bas
Sur les coussins nuageux
Les émotions de tous ceux qui ont
Gouté l'amour, étaient endormies
Et moi je cours ici comme un fou

Trois Lettres D'amour

Je te cherche dans toutes les rues
Chaque visage est le tien
Et chaque spectre est
Ton spectre amoureux
La nostalgie au fond de moi

Trois Lettres D'amour

Crie et t'appelle : Reviens !
Et l'obscurité tombe du sommet
Des songes et des illusions
Comme si c'est la mort
De mon existence

Trois Lettres D'amour

Reviens !
Et je sais que le jour
Où je t'ai perdu
Je me suis perdu... et toi
Tu ne reviendras pas

Trois Lettres D'amour

Longue attente

Le cœur a avoué son secret caché
Il marche pendant la nuit
Portant un ancien amour
Et il crie ton merveilleux nom
Dans toutes les rues et les voies

Trois Lettres D'amour

Il continue à demander :
Oh soir ... Oh matin
Où est-elle TOUHA ?
Il a fait deux tours autour
De nous et nous sommes

Trois Lettres D'amour

Encore très proche
Comme nous étions hier
Oh brise… Oh vents
Où est-elle TOUHA ?
Passez sur les cheveux

Trois Lettres D'amour

De ma bien-aimée
Et balancez sur mon front
Une chevelure d'extase
Et des chevelures d'ivresse
Oh maisons… et Oh rues

Trois Lettres D'amour

Où est-elle TOUHA ?
Répondez-moi : n'y a-t-il pas
Un autre regard pour
La rencontre de nos yeux
Après la longue séparation

Trois Lettres D'amour

Une longue attente ma chérie
Jusqu'à la rencontre
Comment vas-tu maintenant
Est-ce que tu attends
Mon spectre dans tes rêves

Trois Lettres D'amour

Et est-ce que tu parles
De moi avec la nuit
Et tu demandes au matin
Où je-suis !
Derrière les larmes je t'aperçois

Trois Lettres D'amour

Mais je ne te vois plus
Derrière les blessures
Je te tends mes deux mains…
Et elles se retournent vides
Sauf mon imagination

Trois Lettres D'amour

Qui voit deux amants
Toi et moi s'embrassant
Et par suite nos sentiments
Et nos émotions s'embrassent…
Et ma tête s'est reposée

Trois Lettres D'amour

Sur tes seins-éponges
Oh mon amour interdit, et autorisé
D'où puis-je traverser
Les mers de souvenir vers toi
Mon bateau est perdu

Trois Lettres D'amour

Du balcon d'un lointain passé
Je suis chaque fenêtre
Dans ta maison
Peut-être que ton visage
M'apparaîtra…

Trois Lettres D'amour

Et que ton front brillera
Une fois je sommeille
Et d'autres fois je me réveille
Comme si j'ai rêvé de ton visage
Et ton spectre est apparu

Trois Lettres D'amour

Je ressentis en moi
Un coup de tonnerre
Qui ressemble à la folie
Tends-moi ta main et m'embrasse
Cette poitrine tendre

Trois Lettres D'amour

Me fait penser au début du monde...
À sa fin et au temps qui ne vient pas

XXVIII

Trois Lettres D'amour

Une feuille du journal intime

Souviens-toi de moi
Oh tu es l'unique dans mon cœur
Malheureux et triste
Et souviens-toi de : mon amour
Ma tendresse, ma cruauté

Trois Lettres D'amour

Ma colère, ma folie
Et souviens-toi des larmes versées
De tes yeux dans les miens
Je pleure entre tes mains
Et le gémissement de ma poitrine

Trois Lettres D'amour

Se plaint à toi : ne me quitte pas
Souviens-toi que : j'aimais l'amour en toi
J'adorais la passion en toi
Et je portais ton amour dans mon sang
Puis je cachais ton amour

Trois Lettres D'amour

Entre mes paupières
Et rappelle-toi de ma poésie
Incrustée d'amertume et de chagrin
Et souviens-toi de moi
Oh tu es l'unique de ma vie

Trois Lettres D'amour

Prends mon cœur et emmène-moi
Aux villes de la joie illuminées
De nostalgie dans tes yeux

XXXIII

Trois Lettres D'amour

Je n'ai pas reçu de lettre de ta part

(1)
L'amour que j'éprouve pour
Ton front quand il brille
Et l'amour pour la terre
Sont comme deux lunes
Qui brillent sur deux côtés lointains

Trois Lettres D'amour

Elles apparaissent comme la distance
Qui sépare une rive de l'autre
Et j'espère que les amoureux
Se rencontrent malgré la distance
S'embrassent, soient en harmonie

Trois Lettres D'amour

Et l'intimité rayonne
Le rejet se fond dans mes yeux
Amoureux… J'espère
Mais quand tes yeux me refusent
La lumière se restreint

Trois Lettres D'amour

Et l'auréole reste coincée au milieu
Chaque amoureux spiritualise
Avec son amoureux
Et moi …
Je n'ai pas reçu de lettre de ta part

Trois Lettres D'amour

(2)
Avec une main paralysée
J'empoigne le dernier fil de tes nouvelles
Et j'écris un poème d'amour
Avec une main blessée
Dont le premier alphabet est SINAÏ

Trois Lettres D'amour

La dernière lettre est TOUHA
Et la troisième lettre est écrite
Par l'ombre serrée à mon dos
Il s'interrogeait
Et il enregistrait ses paroles

Trois Lettres D'amour

Dans son journal intime
Puis il retourne mais
Il ne sait pas que :
Je n'ai pas reçu de lettre de ta part

XL

Trois Lettres D'amour

(3)
Qu'est-ce que ce canon a dit
À l'autre canon
Lorsque le silence mortel
S'est combattu sur la rive
Avec le désir assassiné par

Trois Lettres D'amour

Les pouces qui embrassent le percuteur
Quand l'amour s'enflamme
Au fond de moi
Et la nostalgie s'accroît
Pour t'embrasser

Trois Lettres D'amour

Et pour chercher le secret caché
Dans la cavité des dimensions
Qui s'installe sur les quatre directions
Et si je pose la question…
Je pleure et je fonds

Trois Lettres D'amour

Comme une bougie
Et je me suis corrodé
Comme une machine
Je me demande :
Qu'est-ce que je peux faire

Trois Lettres D'amour

Et moi…
Je n'ai pas reçu de lettre de ta part

Trois Lettres D'amour

(4)
Dans la rotation formidable
Le soleil aspire encore
À une heure de sommeil
Durant la nuit
Dans une vie perdue

Trois Lettres D'amour

Entre le coucher
Et le lever de soleil !
Ainsi on écoute
Les contes de la nuit
Et ils nous écoutent

Trois Lettres D'amour

On répète toujours les noms :
(Madiha, Majdi, Salwa,
Khaled, Laila, Farouk)
Des contes qui ne se terminent jamais
Et le canon écoute avec nous :

Trois Lettres D'amour

(Le ballon, Les échecs,
Le blocage, L'abondance,
L'amoureux et sa bien-aimée)
Et on demeure dans cette situation
Chaque amoureux avec sa bien-aimée

Trois Lettres D'amour

Et moi…
Je n'ai pas reçu de lettre de ta part

Trois Lettres D'amour

(5)
Je me libère de mon peau
Et il se libère de moi
Lorsque nos horoscopes s'allient
Et les restes des jours reviennent
De la côte orientale

Trois Lettres D'amour

Et ils sont chargés de culpabilité
De honte et fondent
L'antérieur en postérieur
Puis les contes de la nuit
Reviennent avec une blessure

Trois Lettres D'amour

Triste et douloureuse
À ce moment je me souviens
De ce qu'une adolescente a dit
À un adolescent
Et TOUHA me manque

Trois Lettres D'amour

Sur la rive ma main blessée
Écrit les mots avec les morceaux
D'argile et les grains de sable
Puis je dors
Pour que je les lis dans les rêves

Trois Lettres D'amour

(6)
L'amour que j'éprouve pour
Ton front quand il brille
Et l'amour pour la terre
Sont comme un orage
Une tempête qui m'éloigne

Trois Lettres D'amour

Puis elle me libère
Elle me jette dehors
Le cercle d'engagement
Et dans le cercle de démolition
Mais lorsque le vent soufflera

Trois Lettres D'amour

De la côte orientale
Qui jettera le sable sur moi
Là où je sentirai que
J'embrasse ton front
Puis j'embrasse la terre

Trois Lettres D'amour

À ce moment, je sentirai comme si
J'ai reçu une lettre de ta part

LVIII

Trois Lettres D'amour

HASSAN TELEB

Est un poète égyptien, il a obtenu son doctorat en philosophie en 1992, et actuellement il est professeur d'université à la faculté des lettres - Université de Helwan.

Il est le rédacteur en chef adjoint du magazine IBDAA.

Il est membre du comité de la poésie au Conseil suprême de la culture.

Il a obtenu le Prix de l'Estime d'Etat en 2015, et c'est le prix le plus prestigieux en Égypte, ce prix est considéré comme le couronnement de sa merveilleuse carrière.

Parmi ses recueils poétiques :
- Voici Karbala, mais je ne suis pas Al-Hussein
- Pierre Philosophale
- La révolution de l'Évangile et du Coran
- Pas de Nil que le Nil
- Un tatouage sur les seins d'une fille

IMANE ZERGUIT

Est une traductrice Marocaine intéressée par l'interprétation de la littérature Arabe à la langue Française.
À cet égard son premier ouvrage publié en France est un recueil de poésies intitulé "Anthologie Poétique De Maha Baeshen"
Elle a traduit un recueil d'histoires des enfants en français.
Et elle a publié plusieurs articles sur la traduction dans certains journaux numériques.